# Luluca.

## A VIDA É UMA AVENTURA

CB003366

ENCONTRE MAIS
LIVROS COMO ESTE

Copyright desta obra © IBC - Instituto Brasileiro De Cultura, 2024

Reservados todos os direitos desta produção, pela lei 9.610 de 19.2.1998.

1ª Impressão 2024

**Presidente:** Paulo Roberto Houch
MTB 0083982/SP

**Coordenação Editorial:** Priscilla Sipans
**Coordenação de Arte:** Rubens Martim
**Diagramação:** Raissa Ribeiro
**Apuração e Entrevistas:** Giulia Esposito
**Preparação e Revisão de Texto:** Lilian Rozati
**Revisão:** Mirella Moreno
**Colaborou nesta Edição:** Gabrielle Cardoso
**Fotos:** Arquivo pessoal; Charles Sartori - Criativy Estúdio (pg. 148); Style Guide.

**Vendas:** Tel.: (11) 3393-7727 (comercial2@editoraonline.com.br)

Foi feito o depósito legal.
Impresso no Brasil

Dados Internacionais de Catalogação na Publicação (CIP)
de acordo com ISBD

C1811  Camelot Editora

    Luluca - A Vida é Uma Aventura / Camelot Editora. - Barueri:
Camelot Editora, 2024.
160 p. ; 15,1cm x 23cm.

    ISBN: 978-65-6095-025-2

    1. Literatura infantil. I. Título.

2023-3461            CDD 028.5
                 CDU 82-93

Elaborado por Odilio Hilario Moreira Junior - CRB-8/9949

**IBC — Instituto Brasileiro de Cultura LTDA**
CNPJ 04.207.648/0001-94
Avenida Juruá, 762 — Alphaville Industrial
CEP. 06455-010 — Barueri/SP
www.editoraonline.com.br

Oi, **pandinhas**,

Eu estou muito feliz por poder compartilhar com vocês histórias, risadas e um monte de segredinhos **especiais** neste livro! É como entrar em um mundo divertido e cheio de aventuras. Vamos juntos nessa viagem de diversão, amizade e muita, muita alegria! Mal posso esperar para que cada página seja uma surpresa especial e uma chance de estarmos ainda mais pertinho. Então bora viver momentos **incríveis** juntos!

Com amor,

*Luluca*

# Q SUMÁRIO

# CAPÍTULO 1

## Estou crescendo!

**Ooolá, meninas e meninos, tudo bem com vooooocês?**

Estou **TÃO** feliz em realizar mais este sonho! (de novo, né? KKKK) Sei que vocês estavam ansiosos por mais um livro da Luluca, e ele finalmente chegou! 😄

Já faz um tempinho desde o meu primeiro livro, não é, gente? Um, dois, três, quatro... cinco anos, galera! *Uau!* 🤯 Muitas coisas mudaram, outras não...
**E eu vou contar tudinho aqui!**

Estou com 14 anos, e muuuuuitas coisas aconteceram desde os meus 10 anos: eu criei um novo canal, pintei o cabelo, mudei de casa...
**Eita!** É muita coisa mesmo!
E tudo isso eu compartilhei com vocês. É claaaaaro que eu não iria deixar meus pandinhas de fora dessas aventuras, né? E é neste novo livro que vou contar pra vocês os bastidores de todas essas mudanças!

Vou tentar mostrar um pouco mais das aventuras e desafios que enfrentei nesses anos. Como muitos de vocês sabem, no YouTube, compartilho meus **sonhos**, minhas **alegrias**, minha **vida.** Mas agora, é hora de revelar tudo o que aconteceu desde o meu último livro!

Luluca.

Muitas coisas mudaram, novos sonhos surgiram, e tive a oportunidade de vivenciar experiências incríveis! Espero que este livro seja uma leitura **divertida** e **inspiradora,** e que vocês se sintam ainda mais próximos de mim. Então, preparem-se para muitas risadas, emoções e, é claro, as diquinhas de moda que tanto amo compartilhar com vocês!

Vocês vão conhecer um pouco mais sobre a *Luluca* por trás das câmeras, aquela que ama se aventurar no mundo da moda, dividir dicas, e, claro, ser uma **"supersonhadora"**. Vamos falar sobre desafios, conquistas, e também sobre aqueles momentos em que vocês, pandinhas, estiveram ao meu lado, me apoiando em tudo.

**E aí? Estão tão ansiosos quanto eu? Bora lá!**

EU CRESCI
SÓ UM
POUQUINHO...
😋

# Mudanças à vista

Pois é, gente, agora sou uma adolescente... (**até rimou, KKKK**) Tô ficando bem grandinha, né? Literalmente... Cresci **muitooo** nesses anos, estou com 1,70m. E sou a mais alta entre as minhas amigas. (**Mas isso é só uma curiosidade!!!**)

Mas, gente, olha só, daqui a quatro anos, eu tenho certeza que vou estar ainda mais diferente. Crescer é assim mesmo! Faz parte da vida. Quando a gente é criança, só pensa em brincar o tempo todo, e tudo é diversão, né? Mas aí a gente cresce e percebe que nem tudo é brincadeira, que às vezes precisamos ficar "sérios" um pouquinho. O importante é lembrar que sempre é possível se **divertir!**

A parte mais legal é que a gente fica mais independente, dá pra fazer algumas coisas sozinhos que antes nossos pais não deixavam, tipo comprar pão na padaria e até passear no shopping com os amigos. KKKKKK! É muito legal ser **adolescente**, gente!

E aí, me contem aqui, o que vocês mais gostam de fazer agora que estão crescendo? Vou adorar saber! 😘

# Dicionário da Luluca

**ENSINANDO O DICIONÁRIO DA LULUCA NA ESCOLA!**

Agora eu quero contar uma coisa **superengraçada** que eu fazia quando era pequena.

Eu adorava inventar umas palavras malucas, tipo aquela famosa "glitterosa". Quem lembra? KKKK Eu achava essa palavra o máximo e usava toda hora, até que eu inventava outra, e outra, e outra... Eu não conseguia parar! Era tipo um jogo de criar palavras divertidas.

Mas, gente, agora não faço mais isso o tempo todo, só às vezes quando sinto que não existe uma palavra certa pra expressar o que tô pensando. Aí eu solto a palavra inventada na hora e é claro que tenho que explicar pra todo mundo que tá me ouvindo ou assistindo o que ela significa, porque essas palavras só estão no dicionário da Luluca, né? KKKK!

Love

# Sai pra lá, medo!!

Quero compartilhar uma coisinha com **vocês** que tenho certeza que **muitos** vão se identificar! Antes eu tinha um medo gigante do escuro. Não era bem do escuro em si, mas sim do que poderia estar escondido lá. Me entendem? Acho que sim, né? KKKKK.

E olha, não é que esse medo tenha desaparecido totalmente, mas acho que aprendi a conviver com ele. Hoje em dia, o que me assusta mais são as coisas da **vida** real, tipo a perda de alguém que a gente ama, ou pensar no que o futuro nos prepara para daqui a alguns anos. Essas coisas, sim, me fazem pensar um pouquinho, sabem?

**Contem aqui pra mim: vocês têm algum medo? Se sim, qual?**

........................................................

........................................................

........................................................

........................................................

........................................................

# O meu jeitinho de ser!

Genteeee, já mudei **muuuuuito** o meu visual. Pintei meu cabelo de rosa, depois um rosa avermelhado, fiz uma franjinha que agora tá crescendo pra ficar tudo do mesmo tamanho. Eu mudei meu **estilo** de roupas também! Fui descobrindo peças novas e diferentes formas de combinar. É importante testar estilos novos, pois nunca sabemos se vamos gostar de um **look** se a gente não experimentar. E às vezes o que não gostamos em um dia, no outro parece legal.

Ah, eu usava óculos desde os seis anos, vocês lembram? Meu grau aumentou bastante de lá pra cá, eu tenho miopia, não enxergo bem de longe e hoje eu vario entre os óculos e as lentes de contato, que são práticas, mas confesso: exigem um cuidado muito maior!! *Ah!* E como já contei, tô bem mais **alta!** 😂

Quando assisto aos meus vídeos antigos, percebo que até a minha voz e a forma de falar mudaram! Engraçado isso, *né?* 😉

--------------------------------------------

--------------------------------------------

--------------------------------------------

--------------------------------------------

--------------------------------------------

--------------------------------------------

--------------------------------------------

--------------------------------------------

--------------------------------------------

--------------------------------------------

--------------------------------------------

Mas tem uma coisa que eu garanto que não mudou: *a minha alegria!*

Alguns dos sonhos que eu tinha antes já não tenho mais (e tudo bem!), mas a maioria continua firme e forte aqui comigo! Tô superansiosa para realizá-los logo. Como vocês já devem saber, um desses **sonhos** é ser atriz, e a gente vai falar mais sobre isso daqui a pouquinho... Sem spoiler, *hein?* 😉

UAU! 😲 UM LOOK E UM PENTEADO FAZEM A DIFERENÇA, NÉ? QUAL VERSÃO DA LULUCA VOCÊS MAIS GOSTAM?

**Gente**, vou contar pra vocês uma história da minha vida (nossa, aqui me senti bem mais velha hein?! KKKK) Não, mas é serio, talvez possa ajudar se alguém estiver passando por algo parecido.

Há um tempão, lá em 2018, eu sofri bastante bullying na escola por causa do meu canal. **Pois é!!!** Me disseram que eu não era boa nos esportes porque passava o dia todo no YouTube. Mas a verdade é que eu nunca fui muito boa com esportes.

Me senti péssima naquele momento, pois bullying é horrível, gente. Mas aí eu fui crescendo e fui entendendo uma coisa **muito, muito** importante: cada um tem **habilidades** diferentes, e isso é muito legal! Você pode ser ótimo nos esportes e ter um pouquinho de dificuldade com matemática, por exemplo. (Mais uma curiosidade: também não sou muito **boa** em matemática KKKK, mas amo a língua portuguesa, adoro escrever textos.)

Imagine se todo mundo fosse igual? Todo mundo sabendo escrever superbem, mas ninguém sabendo fazer contas, ou todo mundo sendo **excelente** em ciências, mas não sabendo cozinhar? O mundo todo ia ser uma bagunça, **né?** A graça é justamente porque cada um tem seus dons e interesses **únicos.**

Agora eu vou te dar uma **#superdica** de ouro: nunca desista do que você gosta de fazer só porque no começo é difícil ou você ainda não é **excelente** naquilo. O que importa mesmo é fazer o seu melhor, mesmo que os outros não **acreditem** em você. Quando eu parei de dar atenção para as bobagens que aquele garoto da minha sala falava, ele parou de me zoar. Quando eu chorava ou ficava chateada, ele achava graça. Foi só quando deixei de me importar com o que ele dizia que a graça dele acabou... Então **#FicaaDica**, pandinhas.

AINDA BEM QUE A LULUCA DE 2015 NÃO DESISTIU DO CANAL!

# CAPÍTULO 2

## Luluca entre amor e diversão

Então, gente, agora quero compartilhar com vocês um pouquinho mais sobre a minha vida com a minha família e sobre eu ser filha única. Vocês já sabem que **adoooooro** passar tempo com meus pais, e a gente faz **muuuuitas** coisas legais juntos! Assistimos a filmes, vamos ao shopping, jogamos jogos e, é claro, gravamos **vários** desses momentos para os **vídeos** dos canais. Adoro quando gravamos aqueles vídeos de jogos de tabuleiro gigante ou desafios! É muito **divertido** e a gente dá muita risada KKKKKK!

Mas existem algumas coisas que eu prefiro fazer com os meus amigos, por exemplo, ir a **festas** ou àqueles parques com brinquedos infláveis, tipo pula-pula e coisas assim, sabem? Outro dia, fui com os meus pais em um parque que tem esses infláveis, e eles não aguentaram me acompanhar não, logo ficaram cansados e quiseram dar uma pausa para descansar... KKKKK.

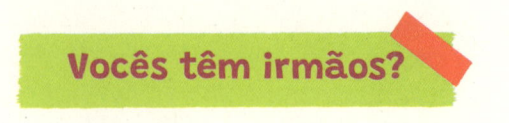

**Vocês têm irmãos?**

 SIM  NÃO

Ser filha única é algo que **gosto** e, ao mesmo tempo, não gosto, se é que dá para entender... Sinto muita falta de ter um irmãozinho ou uma irmãzinha. Acho que eu ficaria **muito animada** em ajudar meus pais a cuidar de uma criança. Só que assim, às vezes penso que, se tivesse que ter um irmão ou irmã AGORA, talvez seja melhor continuar sendo filha única mesmo (KKKK). 😂

A verdade é que gostaria de ter um irmão ou irmã pra poder brincar o tempo todo, igual a gente brinca com os **amigos**. Acho que deve ser como se o seu (sua) melhor amigo (a) morasse com você! Mas tendo uma diferença de idade tão grande, isso provavelmente não aconteceria. Quando o assunto é "ciúmes", imagino que não sentiria isso em relação a crianças. Maaaaas, quando o assunto são as minhas coisas... kkkkkk. Pensem comigo, sendo filha única por 14 anos, se uma irmã, por exemplo, chegasse agora e quisesse mexer nas minhas maquiagens, será que eu não ficaria meio **#chateada**? Talvez um pouquinho, sim, mas tenho certeza de que, com o tempo, aprenderia a dividir!

**EU ERA BEM FOFINHA NÉ, GENTE?**

# Anos de vida pra lá de especiais!

UMA LULUCA MUUUITO CONCENTRADA EM APAGAR AS VELINHAS KKKK QUE FOFA!

NESSE DIA EU ESTAVA BEM RESFRIADA, ACREDITAM QUE DORMI NA HORA DO PARABÉNS E OS CONVIDADOS FICARAM ESPERANDO? (EHHH LULUCA!!!)

**E aí, gente?** Vocês querem saber um pouquinho mais sobre os meus aniversários? Eles são sempre os meus momentos preferidos da vida! Afinal de contas, aniversários são a desculpa **PER-FEI-TA** pra reunir a família, os amigos e fazer a festa!

**É incrível** celebrar mais um ano de vida e compartilhar momentos de alegria com as pessoas que a gente mais ama nesse mundo. Meus familiares e amigos são **muiiiito** especiais para mim, e essa celebração fica ainda mais **divertida** com eles! 😜

**É PIQUE! É PIQUE! É HORA! RA-TIM-BUM! LULUCA!** 😂

Teve um **aniversário** meu que foi um pouco diferente, (acho que de todo mundo né?) porque aconteceu durante a quarentena. Nesse dia, não pudemos fazer a festa do jeito que a gente sempre faz, né, mas ainda sim demos um jeitinho de comemorar! Uma das minhas amigas veio até a minha casa, e fizemos uma festa on-line. Meus amigos entraram na videochamada, cantamos parabéns, conversamos e nos **divertimos** bastante! Foi uma experiência diferente e bem divertida, mesmo que de longe. 😁 😁

E depois que tudo voltou ao normal, a minha festa de aniversário de 13 anos foi ainda mais especial! A data caiu bem na sexta-feira (que sorte, né? kkkkk) então fui para a escola e encontrei todos os meus amigos. Depois, fomos todos juntos para um parque com vários pula-pulas e brinquedos divertidos, do jeitinho que eu **adooooooro!** Passamos o dia inteiro juntos, desde as 7h da manhã até à noite, quando fechamos a comemoração com chave de ouro jantando todos juntos. Foi uma maratona de brincadeiras e muita diversão, dei tanta risada que fiquei com a barriga até doendo! KKKK.

Meu aniversário de 14 anos teve uma comemoração em dose dupla! Na sexta-feira, fui para a escola e, saindo de lá, me diverti com os meus amigos até beeem tarde da noite, por volta das 23h (nossa!). Ficamos o dia inteiro juntos, o que foi simplesmente **incrível!** O dia seguinte era um sábado (25 de março, o dia do meu aniversário mesmo), a minha família veio até a minha casa, e fizemos mais uma festinha (eu nem gosto de festa, né? KKKK). Foi demais! Dois dias cheios de comemoração e de amor.

**E vocês, como costumam celebrar os seus aniversários? Têm alguma história especial para compartilhar? Contem aqui!**

## Com a galera da escola

Gente, vou falar um pouquinho sobre algo que muitos de vocês já devem ter se perguntado uma vez ou outra (KKKK). Afinal, como é a minha **amizade** com a galera da escola? Será que eles me tratam de um jeito diferente por causa dos meus canais do YouTube, quantidade de seguidores e toda essa vida on-line? Vou responder tudinho pra vocês!

A resposta é: NÃOOOO. Estudamos juntos há cinco anos, e eles cresceram comigo. A maioria dos meus amigos já se acostumou com essa minha vida doida da internet, e para eles é algo normal.

Quando estamos juntos e alguém vem falar com a gente na rua, seja um **"pandinha"** (vocês são meus "pandinhas" queridos, né?) ou qualquer outra pessoa, eles até ficam surpresos. Afinal, para eles, eu sou a mesma *Luluca* de sempre! É sempre muito legal ver a reação deles quando isso acontece! KKKK

Então, não se preocupem, pessoal. A minha vida on-line não interfere nas minhas amizades. Somos bem amigos, e eles estão comigo em todas as situações (até mesmo em alguns vídeos e stories, né?)

# Momentos super, hiper, megaespeciais!

Ai, gente, se tem uma coisa que **adoroooo** nesse mundo, e tenho certeza de que vários de vocês gostam muito também, são as festas de final de ano! Natal e Ano-Novo são épocas tão **mágicas** e incríveis, sempre muito especiais pra mim e pra minha família!

Lá em casa, nós temos o costume de chamar os parentes mais próximos para celebrar essas datas com a gente, afinal, quanto mais próximo, melhor! Isso significa que os meus primos vêm para se juntar à festa. E sabem o que isso quer dizer? Isso mesmo: **muita diversão!**

Geralmente, fazemos várias coisas juntos. A gente fica na piscina, come um bom churrasco e se diverte muitooo. São momentos de muita alegria em família!

No último Natal, tive a chance de realizar um sonho que eu já tinha há muito tempo: montar uma mesa pra ceia de Natal! E, é claaaaaro, com a ajuda da *mommy* querida. Foi uma **experiência incrível!** E não é por nada, não, mas a mesa ficou simplesmente linda. Todos os detalhes foram pensados com carinho, desde a decoração até as delícias que servimos!

Compartilhar esses momentos especiais com a família é algo **muito especial** pra mim, e o Natal e o Ano-Novo são perfeitos para isso.

## MOMENTO SUPERDIVERTIDO COM O MEU PAPPY!

# Momentos valiosos

Sabe, gente, se tem algo que é **muuuito** importante para mim, é a relação que eu tenho com a minha **família** e os meus **amigos**. Tenho tanta sorte de ter pessoas incríveis na minha vida! E todas as experiências que compartilho com eles me marcam de um jeito muito *especial!*

MINHA *MOMMY* E MEU *PAPPY*: A MINHA MELHOR PARTE DA VIDA! <3

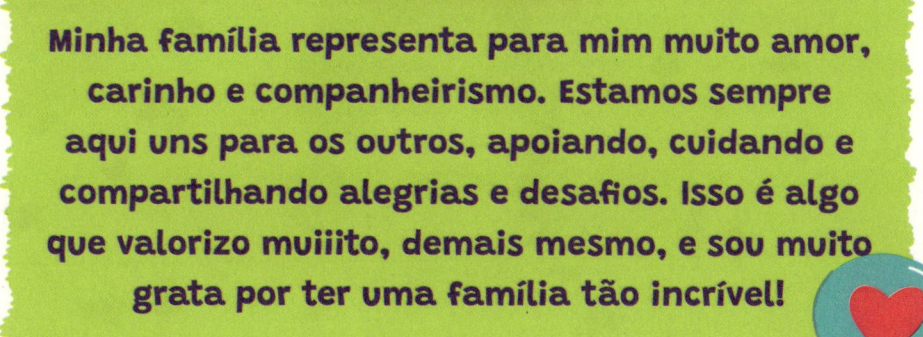

**Minha família representa para mim muito amor, carinho e companheirismo. Estamos sempre aqui uns para os outros, apoiando, cuidando e compartilhando alegrias e desafios. Isso é algo que valorizo muiiito, demais mesmo, e sou muito grata por ter uma família tão incrível!**

E, quando o assunto são os meus **amigos**, a palavra que melhor os descreve é "união". Eles são como uma segunda família para mim (aquela família que a gente escolhe pra vida, sabe?), e juntos vivemos momentos incríveis de diversão. "Diversão" é a segunda palavra que eu escolheria para definir essa galera (KKKK), porque a risada e a alegria sempre estão lá quando estamos juntos!

**Sabe gente, acho que são as pessoas ao nosso redor que tornam a vida mais bonita e *divertida!* A minha família e os meus amigos são muito importantes pra mim, pois são eles que fazem cada dia especial e inesquecível!**

# CAPÍTULO 3

## Um dia com a Luluca!

**Genteeee!** Hora de mostrar o "Por Trás das Câmeras" e compartilhar com vocês como é o meu dia a dia! Sei que muitos de vocês ficam curiosos para saber como é a rotina de alguém que faz vídeos pra internet, então vou tentar contar um pouco pra vocês!

Bom, fora das câmeras, o meu dia a dia é bem parecido com o de outras pessoas da minha idade. De segunda a sexta-feira, o meu dia começa beeeem cedinho. O despertador toca às 6h da manhã, e aí tudo começa. Tem dias que é difícil sair da cama, né? Mas a escola é muito importante! Então eu corro para o banho, tomo um cafezinho da manhã rápido e leve (eu sei que é a refeição mais importante do dia, mas confesso que não consigo comer muito logo que acordo) e vou para a escola.

Eu chego na escola por volta das 7h20 e tenho aulas até as 12h50. Alguns dias têm algumas coisinhas diferentes, tipo os jogos de interclasse, que são **muuuuuuuuuito** legais! Ou quando é dia de ir fantasiado de alguma profissão, eu **adoro** esses também!

Aaaahhh, por volta de 10h tem o lanche na escola (e aí sim tenho fome e como bastante!!!). A maioria das vezes levo de casa, mas alguns dias também pego na cantina.

Depois da escola, é hora de voltar para casa e fazer a-que-le pratão no almoço! De barriguinha cheia, é hora de ver quais serão as atividades da tarde. Às vezes, tenho lição de casa, então, foco nisso e me dedico aos estudos. Afinal, não é legal deixar as coisas pra última hora. Eu sempre prefiro fazer minhas lições logo, assim consigo ficar com o resto do dia livre! Mas a parte mais **legal** do dia é quando gravo algum vídeo para o meu canal! Aí, a criatividade rola solta, e eu me divirto muito gravando o conteúdo pra vocês!

Depois de gravar, continuo me divertindo com algum game, ou com a Milly, ou ainda, saio pelo condomínio para encontrar os meus amigos, KKKKK. Às vezes, até rola uma sonequinha da tarde para recarregar as energias.

Como vocês podem ver, o meu dia a dia é uma mistura de escola, gravações, estudos e, claro, **muuuuita** diversão. A vida de uma adolescente é cheia de desafios, mas também é repleta de momentos incríveis.

E aí, gente? O dia de vocês também é assim? O que tem de diferente? Contem aqui embaixo!

# 1, 2, 3... gravando!

Bom, gente, vamos falar um pouco mais sobre a minha rotina de gravações, que é uma parte **superdivertida** da minha vida no YouTube.

Cada youtuber tem o seu jeito de gravar, né? Alguns gravam **muuuuuitos** vídeos por dia, mas eu tenho o meu jeitinho próprio de fazer as coisas. Eu gosto de reservar cerca de 1 hora do dia para as minhas gravações, mas o mais importante é que não é uma **reeeegra**, sabem? Se, por algum motivo, eu não estiver me sentindo bem no dia ou tiver que estudar para várias provas, eu não gravo. Afinal, gravar para o meu canal é uma **diversão**, um lazer. Por isso, tento sempre organizar o meu dia para ter tempo pra isso.

**Ah!** Uma outra coisa importante é que quando gravo para o meu canal de games, o "Luluca Games", não gravo para o "Crescendo com Luluca", e vice-versa. Cada canal tem um conteúdo diferente, né? (O que é ainda mais legal!) E como eu **adooooooro** gravar, é superdivertido fazer isso com os meus amigos, a minha mãe, o meu pai e, às vezes, até meus tios e primos entram na brincadeira! KKKKK. Jogamos Roblox e nos divertimos muito juntos. **É um dos meus momentos preferidos!**

UAU! SÃO MUUUUUUITOS PANDINHAS!

Para os vídeos do canal **"Crescendo com Luluca"**, eu A-DO-RO fazer vlogs mostrando o meu dia a dia, e meus amigos e a minha família também gostam de participar dos vídeos. É um jeito bem legal de compartilhar com vocês como é a minha rotina, né?

Os vídeos de desafios, que eu amo muiiiiito, geralmente levam um pouco mais de tempo pra fazer. E quando o vídeo precisa de uma cena à noite, é ainda mais desafiador (**mas assim é mais divertido, não acham? KKKK**). Às vezes, gravo uma parte durante o dia, faço outras coisas e espero anoitecer para gravar o que ficou faltando. São essas pequenas coisas que fazem todo o processo de gravação tão especial pra cada vídeo!

# Criatividade: um verdadeiro desafio

Sabem de uma coisa que nem sempre aparece nas gravações, mas que faz parte da vida de **toooodo** mundo que faz vídeos?? A busca por novas ideias para gravar. Pois é, gente, às vezes, eu e a minha mãe ficamos quebrando a cabeça, pensando aqui, pensando ali, tentando encontrar algumas coisas bem legais para compartilhar com vocês. Às vezes demora, mas a ideia vem! KKKKK.

A verdade é que, depois de tanto tempo gravando, já fizemos vídeos de **quaaaase** tudo, e é supernormal dar um "branco" na gente KKKKKK. Mas não se preocupem, hein? Isso acontece com todo mundo! De vez em quando, acabamos repetindo algum tema de um vídeo antigo que vocês gostaram bastante, mas de um jeito ainda mais legal. Ou então, a gente pesquisa bastante em outros canais pra ver se surge alguma inspiração KKKK. Às vezes, ideias incríveis aparecem DO NADA, sério!

Agora, quando o nosso tempo está **supercorrido** e está na hora de postar um vídeo, mas a inspiração fugiu pra longe, ou quando não consigo gravar um vídeo no dia, eu escolho fazer um "shorts", aqueles vídeos bem curtinhos que vocês têm visto no meu canal, sabem? Eles são um jeito bem rápido de compartilhar algo **legal** com vocês, mesmo quando estamos na correria!

Gente, me sinto mal quando não consigo postar um vídeo, porque sei que os **pandinhas** ficam ansiosos para ver as novidades. Não quero decepcionar vocês! Então, de vez em quando, também aproveito algum vídeo de outra rede social, como um daqueles vídeos de dancinha para o TikTok. Afinal, é importante estar sempre pertinho de vocês!

# Pandinhas: minhas inspirações!

**Pandinhas!** Quero contar pra vocês uma coisa superlegal, que é a interação que tenho com todos vocês, os melhores amigos do mundo! Vocês não fazem ideia de como adoro ouvir as sugestões que vocês deixam nos comentários das minhas redes sociais. Sério mesmo! Sempre peço para vocês colocarem suas ideias para vídeos lá, e é incrível como isso ajuda MUITO nesses momentos em que a inspiração não aparece KKKKK.

Quando decido fazer aqueles vídeos em que como coisas de uma cor só, sempre pergunto para os **pandinhas** qual será a próxima "cor de comida". É um jeito bem divertido de vocês participarem do conteúdo do canal juntinho comigo!

A gente faz a soma dos palpites, e a cor mais votada é a escolhida para as minhas comidas do próximo vídeo desse tipo. **Adoro** saber o que vocês gostam e sempre tento deixar todo mundo feliz!

Uma outra coisa que percebo é que vocês adoram mesmo quando faço vídeos em que vocês podem me "controlar" por um dia inteiro (confesso que eu também adoro KKKK). Aí eu coloco as enquetes no Instagram, vocês respondem, e eu faço um vídeo para o YouTube com a opção vencedora! É um jeito bem legal de estarmos ainda mais conectados, e é superdivertido para mim seguir as escolhas que vocês fazem. Claro, esse tipo de vídeo acaba demorando um pouco mais de 1 hora para ser gravado, porque preciso dar um tempo para todo mundo responder e participar, e aí vou gravando as partes ao longo do dia, para depois juntar tudo.

E acreditem, **amo muito isso tudo!** A interação com vocês é o que faz tudo ser tão especial e gratificante. Então, continuem participando, deixando seus comentários e ideias nos vídeos, porque adoro ouvir a voz dos pandinhas!

**Contem aqui, pandinhas, algumas ideias de vídeos que vocês gravariam!**

## Segunda-feira

| Horários | Atividades |
| --- | --- |
|  |  |
|  |  |
|  |  |
|  |  |
|  |  |

**Momento preferido do dia:** ⭐ ⭐ ⭐

## Terça-feira

| Horários | Atividades |
|---|---|
|  |  |
|  |  |
|  |  |
|  |  |
|  |  |

Momento preferido do dia: ★ ★ ★

## Quarta-feira

| Horários | Atividades |
|---|---|
|  |  |
|  |  |
|  |  |
|  |  |
|  |  |

Momento preferido do dia: ★ ★ ★

## Quinta-feira

**Horários**        **Atividades**

Momento preferido do dia:  ⭐ ⭐ ⭐

## Sexta-feira

**Horários**        **Atividades**

Momento preferido do dia:  ⭐ ⭐ ⭐

## Sábado

| Horários | Atividades |
|---|---|
|  |  |
|  |  |
|  |  |
|  |  |
|  |  |

Momento preferido do dia: ⭐ ⭐ ⭐

## Domingo

| Horários | Atividades |
|---|---|
|  |  |
|  |  |
|  |  |
|  |  |
|  |  |

Momento preferido do dia: ⭐ ⭐ ⭐

# CAPÍTULO 4

## Milly, a companheira para todas as horas

Ahh, pessoal, tenho que compartilhar com vocês uma história **muuuito** legal: a chegada da minha companheira de todas as horas, a *Milly!* Desde beeeem pequenininha, eu vivia pedindo uma cachorrinha para os meus pais, mas como ficávamos o dia todo fora de casa, eles não queriam que a cachorrinha ficasse sozinha o tempo todo. Mas, no meu aniversário de seis anos, a situação mudou um pouquinho: já ficávamos fora só meio período e eu também já podia ajudar a cuidar da cachorrinha, então meus pais decidiram me dar a *Milly* de presente!

A gente queria um cachorrinho pequeno, para que pudesse ficar dentro de casa. Tinha que ser de uma raça que fosse bem companheira e, lógico, tinha que gostar bastante de crianças! Ah, e eu queria uma fêmea!

Então, começamos a pesquisar na internet para encontrar a raça perfeita; vimos sites, vídeos, fotos, TUDO, e foi aí que vimos que a maltês seria a escolha per-fei-ta!

E posso dizer que não me arrependo nadinha. A *Milly* se tornou uma parte superimportante da nossa família, e eu não poderia estar mais feliz com a escolha que fizemos. Ela é supercompanheira, carinhosa e está sempre pronta para brincar e se divertir com a gente. Ter a *Milly* comigo faz os meus dias serem muito mais alegres, e não consigo imaginar a minha vida sem a minha melhor amiguinha! É uma história de amor e amizade que começou no meu aniversário de seis anos e que continua até hoje!

ELA SABE FAZER POSE PRA FOTO, NÃO É?

# Uma amiguinha e tanto

A *Milly* chegou em casa só com dois meses de vida, acreditam? Ela era uma bebezinha tããão fofinha e pequenininha! Eu fiquei muuuuito feliz com a chegada dela na nossa casa. Sério gente, se eu parar para pensar, não consigo lembrar de como era viver sem a Milly, porque passei a maior parte da minha vida ao lado dela. Juro: ela parece uma pessoinha!

Eu conto as minhas coisas para a Milly como se ela fosse me responder de volta, sabe? (KKKKK). Quando estamos felizes, ela também fica feliz e brinca bastante com a gente! Se ficamos tristes, ela fica pertinho e parece entender que precisamos de carinho e companhia. Não é muito fofa? Eu **adoro** que ela sempre está com a gente, tornando todos os nossos momentos ainda mais especiais. Até no videoclipe **"Me Chama Miga"**, ela participou, e isso me deixou tãããão feliz!

E quando a gente estava em casa durante a pandemia, então? Durante as minhas aulas on-line, a Milly ficava quietinha na banqueta que ficava ao lado da minha bancada de estudos. Era só eu me sentar na cadeira para começar a assistir às aulas que lá vinha ela estudar também, KKKKKK. Se eu saísse para almoçar, ela vinha atrás de mim, igual a uma sombra kkkk. E, quando eu voltava para a bancada, lá estava ela de novo. Eu não aguento essa cachorrinha, kkkkkk.

A Milly é mesmo aquela companheira pra todas as horas, sempre pronta para estar ao nosso lado, deixando tudo mais especial e alegre.

Lembro que, quando a Milly era pequenininha, ela era muito "aprontona"... Adorava comer o meio dos chinelos (as tiras, sabe?), e qualquer brinquedinho novo que déssemos a ela não durava muito. Se fosse um bichinho de pelúcia, ela sempre arrancava os olhinhos... kkkk! Mas agora que cresceu, já está com nove anos, não apronta tanto.

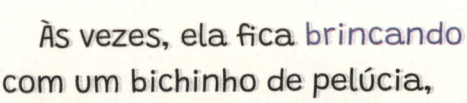

Às vezes, ela fica brincando com um bichinho de pelúcia, batendo-o com tudo no chão, mas não chega a destruir. No entanto, há um bichinho de pelúcia que ela cuida muito, como se fosse seu filhinho. Ela não o solta por nada! Acaba de comer, vai cuidar dele. Quando vai dormir, leva o filhinho junto. Chamamos ele de "catiorro", e é engraçado como a Milly tem um carinho especial por esse bichinho de pelúcia. Parece que ela o considera como parte da família.

# Mais um, mais um!

Eu seeeempre falo para os meus pais que eu também queria ter um coelhinho: acho tão fofinho! Maaaas, será que a Milly se daria bem com ele? Não tem como saber, né? Mas eu queria muuuito ter um coelhinho! Meus pais não querem mais bichinhos em casa porque sabem que eles precisam de muito cuidado e atenção. A verdade é que eu amo os animais, e se dependesse de mim, a minha casa seria o próprio zoológico! KKKKKKK.

**Veja só como a Milly era pequenininha! Muito fofa!**

## E você, também tem um animalzinho especial?

Cole uma foto
aqui!

foto: 1x1

Nome:

Apelido:

Raça:

# Cole aqui algumas fotos dele ou dela aqui!

Primeira foto do pet!

Cole esta primeiro.

foto: 1x1

Minha foto preferida dele ou dela!

foto: 1x1

## Data em que chegou em casa:

## De quem foi a ideia de ter o animalzinho?

........................................................

☐ **MACHO**   ☐ **FÊMEA**

## Cor da pele/ pelo etc.:

........................................................

## Cor dos olhos:

........................................................

## Idade:

........................

## Brinquedo favorito:

........................................................

## Brincadeira preferida:

........................................................

## Coisas que não gosta:

## Momento inesquecível:

## Alimento favorito:

## Como gosta de dormir:

## Conte aqui alguma travessura que o seu pet já fez:

# O seu pet se dá bem com as visitas ou pessoas desconhecidas?

## Pessoa da família de quem mais gosta:

## Curiosidade:

**Cole esta primeiro**

**Foto: 7x9**

**Cole uma foto aqui**

**Foto: 7x9**

# CAPÍTULO 5

## Comer... Nham, nham!

Vamos falar de uma das coisas que eu mais **AMO**: comida! Afinal, quem não adora uma comidinha gostosa, não é mesmo? kkkkk. Nos últimos anos, algumas das minhas preferências mudaram quando o assunto é escolher pratos deliciosos. Claro, existem aquelas comidinhas que eu já gostava muito e continuo amando, mas também houve algumas mudanças bem legais que quero compartilhar com vocês!

Primeiro, preciso contar que eu sou uma grande apreciadora de cachorro-quente agora! Eu simplesmente acho essa delícia incrível. Além disso, coisas como batata frita e abóbora (eu já torcia o nariz só de pensar), hoje são pratos que eu amo de **paixão**. A abóbora, que eu nem conseguia olhar, agora faz parte do meu cardápio!

Ahhh, mas uma comida que nunca saiu do topo da minha **lista de favoritas** é o macarrão com molho branco! Quando penso nesse prato, lembro dos almoços de domingo em família. Para acompanhar, frango assado ou empanado são a combinação perfeita! *Huuum!* Eu só penso e já dá água na boca.

Falando em comidinhas que AMO, não posso esquecer da comida japonesa. Sempre que penso em sushi, sashimi e outros pratos incríveis, lembro dos meus amigos. A gente gosta muito de ir a restaurantes japoneses, e é sempre uma experiência incrível: boa comida e *muita* risada. Uma combinação que não tem erro!

E não posso deixar de mencionar minha sobremesa favorita: **sorvete!** Aqui em casa, cada um tem seu sabor preferido, mas eu sou aquela pessoa que adora fazer uma mistureba KKKKK. Açaí e napolitano não podem faltar, e o abacaxi nessa mistura fica **ma-ra-vi-lho-so!** Ah, e não posso esquecer o picolé. Chocolate e limão são os meus sabores preferidos para esse tipo de sorvete!

Agora, quando o assunto é **comidas** que eu definitivamente não gosto, a mostarda é a grande campeã. Só de sentir o cheiro, já me dá vontade de vomitar. Minha mãe até coloca um pouquinho no estrogonofe, mas só porque eu não sinto o gosto dela e posso comer tranquilamente. Só que, se eu perceber que ela adicionou esse ingrediente, aí, não tem jeito, eu passo longe! Além disso, cebola crua e ovo cru também estão na lista das coisas que não gosto nem um pouco. Ovos cozidos, omeletes, tudo bem, mas crus, realmente nãããoooo dá.

**E vocês, têm alguma comida que amam ou odeiam? Compartilhem aqui comigo!**

**Coisas que amo comer:**
↓

**Não posso nem sentir o cheiro:**
↓

# Food hacks de todos os tipos!

É **claaaro** que muitos dos meus vídeos seriam sobre comidinhas, né gente? Eu AMO gravar aqueles *food hacks* superdivertidos ou fazer 24h comendo alguma coisa de um certo formato ou cor! E vocês, já testaram algum *food hack* que eu mostrei no canal? Eu vou contar aqui pra vocês alguns dos meus preferidos!

**Vocês lembram desse vídeo aqui?**

 https://www.youtube.com/watch?v=E_Flh8s1urc

Confira usando o QR code

Eu testei **váááários** *food hacks* superfamosos pra saber se eles funcionam ou não. Alguns deles não funcionaram, não, viu gente KKKKK. Eu fiquei com a mão toda melecada de cobertura de chocolate quando tentei cortar o bolo com fio dental KKKK. Um outro que testei e não deu muito certo foi usar uns pedaços do pacote de salgadinho pra pegar o salgadinho em si, sem sujar as mãos: mas, aconteceu que os pedaços do pacote ficavam caindo o tempo todo KKKKK.

Mas alguns deles deram muito certo e eu faço até hoje, sabiam? Tipo aquele de colocar uns pedacinhos de chocolate no pão de forma e esquentar na sanduicheira. Fica **tããão** gostoso! O de fritar o ovo no meio do pão de forma também fica MUITO bom! É até uma ótima opção de lanchinho da tarde, hein gente?

Teve um outro *food hack* que fiz com pão de forma também, mas era com queijo e virava tipo um enroladinho, sabem?

Ficou uma de-lí-ci-a! Foi neste vídeo aqui:

 https://www.youtube.com/watch?v=IRETA7j-tzw

Confira usando o QR code

Nesse vídeo eu tentei fazer um pirulito (ou era outro enroladinho? Não sei, não, hein), que era feito com casca de pão, açúcar e canela. Esse deu mais ou menos certo, porque a casca ficava quebrando o tempo todo KKKKK. Mas ficou gostosinho, até!

Acho que um dos que eu mais gostei desse vídeo foi o waffle com Nutella® e sorvete! *Hummm!* Parecia uma mistura de sanduíche com panqueca, não sei explicar! Tem que fazer pra entender kkkkk.

Este aqui é para os pandinhas bem antigos, hein? Quem viu este *food hack* três anos atrás?

https://www.youtube.com/watch?v=4Am4xLa_xok

Confira usando o QR code

Acho que foi um dos primeiros ***food hacks*** que testei! Eu sempre adorei inventar moda na cozinha, né gente?

Aí quando vejo essas receitinhas diferentes, quero testar TODAS! KKKK Nesse vídeo eu fiz uma mistura de bolacha Oreo®com leite, ficou parecendo um brigadeiro de Oreo®! Nossa, que delícia!

Uma outra receita que fizemos foi pão de forma com Nutella® na torradeira. Eu não sei se o nome dessa receita era pastel na torradeira ou sanduíche de Nutella®? Qual nome vocês dariam? Acho que independentemente do nome, o resultado ficou uma de-lí-ci-a!

Qual *food hack* que mostrei no canal vocês mais gostaram? Tem algum que eu ainda não fiz e vocês já testaram? Deixei um espaço aqui só pra vocês me contarem tudinho!

• **Qual é o nome da receitinha?**

............................................

• **Funcionou?**

............................................

............................................

• **Você deu algum toque especial?**

............................................

............................................

............................................

## · Conte a experiência!

.............................................................

.............................................................

.............................................................

.............................................................

.............................................................

.............................................................

.............................................................

.............................................................

.............................................................

Cole uma foto aqui

Foto: 7x9

## Alguém quer um desafio aí?

Outro vídeo muito legal com comidas são os DESAFIOOOOS! Eu a-do-ro gravar um dia inteiro comendo só coisas geladas ou de alguma cor ou forma específica! **São muito divertidos!**

**Um dos meus vídeos preferidos é esse aqui:**

 https://www.youtube.com/watch?v=ryY-Uhv0zrw

Confira usando o QR code

Esse dia foi TÃO divertido! Eu e a minha *mommy* desenhamos várias coisas que a outra tinha que comer! Imagina só? Teve algumas coisas que não foram legais de comer, não KKKKK. Tipo o alho cru! Eca, eca! E minha mãe que teve que comer casca de laranja? A gente inventa cada coisa KKKKKK.

Agora, como que faz pra comer TUDO rosa por um dia? Nossa, esse deu trabalho! A gente decidiu dividir: a *mommy* ia comer comidinhas rosas e eu as marrons! Será que deu certo? Dá uma olhadinha nesse vídeo!

**Até arroz rosa fizemos! Vocês acreditam?**

 https://www.youtube.com/watch?v=ynPYWE8g8pk

Confira usando o QR code

Em uma das vezes que viajei com meus pais, o desafio foi comer SÓ comidinhas redondas por um dia inteiro! Esse é bem legal, né? Tem algumas coisas que são redondas, mas quando a gente corta, tem uma outra forma! Tipo a **pizza**, que vira um triângulo. E aí, pra vocês a pizza conta como uma comida redonda ou triangular?

Passeando pela cidade, a gente encontrou um donut GIGANTE! Sério! Igualzinho àquele que comi em outro vídeo, quem lembra? kkkkkk E estava MUITO gostoso! Mas não dá pra comer um inteiro sozinho, não, viu, gente?

**É bom pra dividir com a galera ou ir comendo aos pouquinhos.**

 https://www.youtube.com/watch?v=Eh5dBV_9vEU

Confira usando o QR code

E pra fechar com chave de ouro: comendo tudo com a letra L! (De Luluca, é claaaaro!) Quem viu esse vídeo?
Esse também foi um desafio e tanto, hein galera? A gente pesquisou bastante coisa com a letra L pra poder comer, mas olha a mistureba que eu fiz... Laranja com Leite condensado! Teria coragem? KKKKKK

Mas tem bastante coisa que dá pra comer com a letra L, viu?

Lasanha, lanches, limonada, linguiça, lentilha...

https://www.youtube.com/watch?v=gzJPwB29XR0

 Confira usando o QR code

**E vocês, quais dos desafios com comida foram os mais divertidos do canal? Testaram algum? Quero saber TU-DO!**

· **Qual é o nome do desafio?**

· · · · · · · · · · · · · · · · · · · · · · · · · · · · · · · · · · ·

· **Você testou em casa?**

· · · · · · · · · · · · · · · · · · · · · · · · · · · · · · · · · · ·

**Cole uma foto cozinhando**

**Foto: 7x9**

**Cole uma foto comendo**

**Foto: 7x9**

**· O que fez de diferente?**

........................................................

........................................................

........................................................

**· Conte a experiência!**

........................................................

........................................................

........................................................

........................................................

........................................................

........................................................

........................................................

........................................................

........................................................

........................................................

# CAPÍTULO 6

## Luluca e os pandinhas!

**Ooooolá,** pandinhas! Tudo bem com vooooocês?

Como vocês sabem, eu chamo todos vocês assim porque amo **muuuuito** esse ursinho, eles são muito fofos e carinhosos (assim como vocês!), e também porque vocês são especiais, acompanham meus canais e interagem comigo sempre!

Só que assim, apesar de sermos mais de 30 milhões de pandinhas, se somarmos todas as redes sociais, não me considero uma pessoa famosa, sabe? Na verdade, me sinto uma menina de muita, muita sorte, porque *amo muito* fazer esses vídeos e encontrei pessoas incríveis que gostam de assisti-los. E, juro gente, depois de tanto tempo criando para o "Crescendo com Luluca", não tem quase nada que aconteça na minha vida que eu já não tenha compartilhado com meus pandinhas. Vocês sabem tudo! KKKKK

## Quanta emoção!

A melhor recompensa de me dedicar tanto aos meus canais é todo o carinho que recebo de vocês, gente. Sempre que encontro um pandinha em algum lugar, fico tãããããão feliz! Às vezes, alguns de vocês até choram quando me veem, e eu também fico superemocionada, porque é demais saber que existem tantas pessoas que gostam de mim e do que eu faço!

A interação que temos no YouTube e no Instagram, pelos comentários, é importante demais para mim. Eu sempre levo em consideração as sugestões que vocês deixam para preparar vídeos cada vez **mais legais,** cheios de novidades e conteúdos que todo mundo realmente goste!

# A pergunta que nunca quer calar

Quando encontro vocês, é sempre um momento **mágico**. Pergunto os nomes, quais tipos de vídeos gostam de assistir, tiramos fotos e conversamos. É um momento cheio de carinho e amizade que me faz muito feliz!

Uma curiosidade: a pergunta que **maaaais** recebo quando estou com os pandinhas é: "Quem é o Bug?" E eu sempre digo que essa pergunta não posso responder, porque eu também não sei! KKKK. É um mistério que talvez um dia desvendaremos juntos. Quem sabe, né? KKKK.

QUANTOS #LULIKES VOCÊS JÁ DEIXARAM NOS MEUS VÍDEOS, HEIN?

AMO VOCÊS UM TANTÃO ASSIM!

# Novas amizades

Uns cinco anos atrás, quando cheguei na escola em que estudo agora, várias meninas me trouxeram cartinhas dizendo que eram minhas fãs. Hoje, somos amigas muito próximas. O contato com uma das minhas #bbfs, aliás, começou assim! E vocês sabem que eu tenho muitas #bffs, né? **Hahaha!** Todas as minhas amigas da escola já tinham pelo menos me assistido algumas vezes, naquela época de roleta de slime e desafios divertidos. Sei disso porque elas mesmas me contaram... kkkk. Algumas delas também já eram youtubers e começaram a gravar vídeos comigo em 2017.

Fora da escola, muitas meninas que criaram fã-clubes meus também se tornaram grandes amigas. Nós nos conhecemos porque elas iam frequentemente em eventos meus, e meu pai começou a chamá-las para ficarem no camarim comigo durante os intervalos desses eventos. Nisso, acabamos virando **superamigas** e criamos até um grupo no WhatsApp!

Querido/a pandinha,

Quero agradecer do fundo do meu coração por me permitir participar da sua vida e entrar na minha casa por meio dos canais "Crescendo com Luluca", "Luluca Games" e "Família Luluca".

Você é muito importante para a criação dos vídeos que tanto AMO fazer, e ter você sempre comigo faz com que os canais fiquem cada dia mais divertidos e com a nossa cara! Então, sempre que puder e quiser, deixe ideias e sugestões nos comentários! Eu aaaaamo ler o que vocês me mandam!

Todo o carinho que recebo de vocês me deixa cada dia mais feliz e realizada. Espero que estejamos juntos para sempre!

E agora, é a sua vez de deixar um recadinho bem carinhoso para mim no espaço abaixo. Adoraria saber o que você tem a dizer!

_____

_____

Que tal tirar uma foto e postar com a hashtag #LivrodaLuluca?
Com amor,

# CAPÍTULO 7

## Mais fashion do que nunca

Ah, o mundo da *moda!* Vocês vivem me perguntando qual é o meu estilo, mas a verdade é que eu sou tipo um camaleão, sabem? Vivo mudando! Cada dia é uma vibe, uma energia diferente... Eu adoro me vestir de acordo com o meu **mood do dia**, porque acho que a moda é uma forma superlegal de expressar como a gente se sente!

Tem gente que escolhe um estilo e fica nele firme e forte, mas eu acho que a moda é uma forma de arte, e cada dia é uma tela em branco. Às vezes tô mais descolada, outras num estilo mais romântico, e tem aqueles dias em que um visual mais básico é tudo o que eu preciso. Porque, gente, a vida é cheia de cores, e eu quero experimentar todas!

E olha, eu me divirto muuuuito criando os meus looks! Não tem mistério: dou uma espiadinha nas **influencers** que eu adoro, dou aquela passeada pelo

Pinterest (**amor eterno**) e vou criando pastinhas cheias de ideias. Aí, é só pegar as roupas que eu tenho e dar aquele toque *Luluca*. Sério, é a coisa mais divertida do mundo!

> Quem mais aí também acha que a moda é um jeito incrível de mostrar quem a gente é e como tá se sentindo? Me conta aqui embaixo qual é o estilo que você mais curte, se você gosta de variar estilos (como eu), e quais são suas inspirações!
> #ModaLuluca #EstiloDoDia

Cole uma foto
do seu look

Foto: 7x9

QUAL ESTILO
É MAIS A SUA
CARA? NÃO 🤔
CONSIGO
ESCOLHER!

# Em constante mudança

Ah, o meu **estilo** é como eu: está sempre mudando e surpreendendo! KKKK. Olha, gente, se tem uma coisa que eu aprendi é que é sempre bom descobrir coisas novas, principalmente quando se trata de moda. E eu adoro explorar novas possibilidades!

Claro, tem aquelas peças que são praticamente um uniforme para mim né, tipo calça jeans, shorts, saia com cropped e vestido. Mas, juro, os modelos vão mudando, se transformando, assim como os meus gostos. Antes, minhas saias eram mais rodadas, um look mais princesinha, sabe? E agora, tô mais nas saias justinhas, um estilo mais despojado.

Sabe por que eu amo tanto moda? Porque é uma forma de mostrar para o mundo como a gente tá se sentindo naquele dia, naquela hora. É uma expressão única de quem a gente é. Então, bora se jogar nas tendências, experimentar, se reinventar e, claro, se divertir muito!

#ModaEmTransformação #EstiloLuluca

# Complementos sempre bem-vindos

Os acessórios sempre dão aquele toque especial no nosso **look**, né? Lembro da época em que eu só usava tiaras de gatinho, e sempre tinha uma acompanhando meus looks KKKKK. Mas, gente, o tempo passa e os gostos mudam, não é mesmo? Agora, as tiaras ficam guardadinhas, e eu tô curtindo mais uns brincos bem diferentões, especialmente os prateados!

Sobre os brincos, quanto mais, melhor! Tenho quatro furos em cada orelha, e tô sempre inventando moda com esses acessórios. Já até chorei por ter saído de casa e esquecido de colocar brinco em uma orelha, acredita? (Acho que devia estar mais sensível nesse dia!!! KKKK). É, são as coisas da vida...

# Agora, falando de peças que não podem faltar no meu guarda-roupa:

## 1. Vestido preto:

Uma verdadeira salvação, né? Combina com tudo! Dá para ir desde a um aniversário chique até a um passeio descontraído com os amigos, só mudando os acessórios. Versatilidade é **tu-do!**

## 2. Calça jeans:

Amo, amo, amo! É aquela peça-chave que transforma o look. Seja um visual mais descontraído ou algo mais arrumadinho, a calça jeans tá sempre presente.

## 3. Shorts jeans:

Essencial para os dias mais quentes. Menos versátil que a calça, mas também é um curinga, confortável e bonito!

## 4. Cropped:

Minha escolha para a parte de cima, em diferentes cores, modelos e comprimentos. As camisetas da escola são as únicas que tenho que não são cropped... KKKKK

## 5. Chinelo Slide:

Ah, o conforto! É o meu calçado oficial dentro de casa, sem dúvidasss!

E claro, pra finalizar, uns looks que nunca falham:

**Vestido preto + tênis de cano alto + jaqueta curtinha:**
Pronta para arrasar em um passeio com os amigos!

**Calça jeans (de cintura baixa e de corte mais largo) + cropped:**
Um combo versátil e estiloso!

Se quiser mais dicas sobre moda e looks, é só dar uma olhadinha nos vídeos que preparei sobre o assunto. Ficaram incríveis, prometo!
#ModaLuluca #ComplementosQueTransformam

https://www.youtube.com/watch?v=9uS54tIky5E

Confira usando o QR code

**24 LOOKS** **24 HORAS**

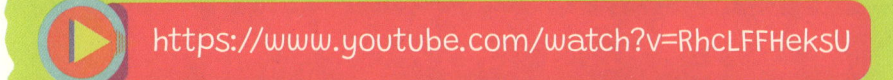

https://www.youtube.com/watch?v=RhcLFFHeksU

Confira usando o QR code

**OS** **5 DIAS**

https://www.youtube.com/watch?v=qyksNnEMH5c

Confira usando o QR code

E-GIRL

https://www.youtube.com/watch?v=fsjii6dM2w8

Confira usando o QR code

Soft Girl VS eGIRL

Quero saber quais looks vocês já montaram que são os seus preferidos! Me contem o que usaram, para onde estavam indo e com quais acessórios complementaram. Ah, e se tiverem, colem uma foto do look aqui!

**Cole uma foto do look aqui!**

**Foto: 7x9**

Cole uma foto do look aqui!

Foto: 7x9

SOM,
TESTANDO,
1-2-3!
🤫

# CAPÍTULO 8

## Luluca no mundo da música

A música realmente tem esse poder incrível de acompanhar a gente em todos os momentos, né? É tipo uma trilha sonora da vida! KKKKK. Eu também sou dessas que acorda com música, arruma a bagunça com música, e por aí vai. É como se cada momento tivesse a sua própria trilha sonora dando um toque **especial**!

E o que dizer sobre os estilos musicais? Eu sou completamente apaixonada por QUASE todos, sério! O mais importante para mim é que a música esteja em sintonia com o que estou sentindo naquele momento. Adoro escolher na hora qual será a trilha sonora do meu dia KKKK. Às vezes, preciso de algo mais agitado para me dar energia, outras vezes, algo mais tranquilo para relaxar. Vocês também são assim, pandinhas?

Quando estou criando novos conteúdos para vocês, a música sempre está presente, trazendo ideias e dando aquele toque Luluca aos meus vídeos. Já pensou em como o mundo seria sem música? Eu não consigo nem imaginar!

# Estilo eclético

Primeiro, quero dizer que eu sou supereclética quando o assunto é música. Isso quer dizer que curto ouvir de tudo um pouco! Gosto bastante dos artistas nacionais, mas confesso que tenho uma quedinha maior pelos gringos KKKK. Quem mais é assim?

O pop é definitivamente o meu queridinho, sempre em primeiro lugar na minha **playlist!** Tem algo nesse ritmo que simplesmente me faz querer dançar e me anima em qualquer momento! E rock também está na playlist, hein? Mas não gosto muito de heavy metal KKKK. Cada um tem seu gosto, e eu respeito todos os estilos.

**O QUE VOCÊ ESTÁ OUVINDO AGORA?**

QUAL FOI A ÚLTIMA BANDA QUE VOCÊ OUVIU?

E uma curiosidade sobre mim: eu confesso que, muitas vezes, a batida da música chama mais minha atenção do que a letra. Vocês também são assim? Às vezes, até me pego curtindo uma **música** sem nem prestar muita atenção nas palavras. Mas olha, isso não é de todo ruim, porque tem umas músicas por aí que, se eu prestasse muita atenção na letra, acho que deixaria de gostar!

**Vocês têm um gênero musical preferido? Qual é?**

**Meus preferidos!**

**Gênero musical:**

..........................................................................................

**Artista:**

..........................................................................................

**Banda:**

..........................................................................................

**Música:**

 ..............................................................................

**Álbum preferido:**

. . . . . . . . . . . . . . . . . . . . . . . . . . . . . . . . . . . . . . . . . . . . . . .

**Verso de música:**

. . . . . . . . . . . . . . . . . . . . . . . . . . . . . . . . . . . . . . . . . . . . . . .

. . . . . . . . . . . . . . . . . . . . . . . . . . . . . . . . . . . . . . . . . . . . . . .

**Trilha sonora da vida:**

. . . . . . . . . . . . . . . . . . . . . . . . . . . . . . . . . . . . . . . . . . . . . . .

**Videoclipe preferido:**

. . . . . . . . . . . . . . . . . . . . . . . . . . . . . . . . . . . . . . . . . . . . . . .

**VAMOS MONTAR ALGUMAS PLAYLISTS?**

# Sua Playlist

**Nome da playlist:** . . . . . . . . . . . . . . . . . . . . . . . . . . . . . . . . . . . . . . . . . . . . . .

**PLAY**

**Divertido**, né? É muito legal ter uma playlist pra
cada momento do dia, então vamos montar várias!

## PLAYLIST PARA JOGAR

Nome da playlist: . . . . . . . . . . . . . . . . . . . . . . . . . . . . . . . . . . . . . . . . . . . .

PLAY

# PLAYLIST PARA VIAJAR

**Nome da playlist:** ...................................................................................................

PLAY

# PLAYLIST PARA COZINHAR

**Nome da playlist:** . . . . . . . . . . . . . . . . . . . . . . . . . . . . . . . . . . . . . . . . . . . . . . . . .

PLAY

# PLAYLIST PARA ARRUMAR O QUARTO

**Nome da playlist:** ...........................................................

PLAY

# De olho nas câmeras

Ai, pandinhas, vocês não imaginam a emoção que foi criar as minhas músicas "Me Chama Miga" e "Vamos Sonhar"!. Quando começamos esse processo, lá em 2019, eu tinha ideias de temas que eram muito importantes para mim naquele momento, como sonhos e amizade. A ideia era trazer algo que não fosse só importante para mim, mas que também tocasse o coração dos meus pandinhas.

A primeira que surgiu foi "Vamos Sonhar". Foi tão legal! Começamos a criar a letra e a batida ao mesmo tempo, ajustando a música durante o processo. A sensação de ver tudo tomando forma foi tão incrível! Depois de pronta, decidimos deixar a música quietinha um pouco, para começarmos a trabalhar em "Me Chama Miga", que acabou sendo a primeira que a gente lançou. Assim como na outra música, o processo foi muito divertido, e a criação da letra e da batida aconteceu ao mesmo tempo.

Agora, sobre os videoclipes, eu quis trazer algo especial que combinasse com a vibe de cada música, sabe? O clipe de "Me Chama Miga" foi gravado na minha antiga casa, com os meus looks, e até a Milly marcou presença KKKKK. Vocês não têm ideia da sensação de ter várias câmeras e profissionais focados

123

em mim, é muito doido! Fiquei nervosa? Com certeza! Mas foi uma experiência incrível! Já o videoclipe de "Vamos Sonhar" foi feito em um parque de diversões, porque a música tem toda essa energia de sonhar e se divertir. Foi pura diversão, mesmo!

 https://www.youtube.com/watch?v=s54cRS6DMtQ

Confira usando o QR code

E podem ficar ligados, porque **novas músicas** estão a caminho! Mal posso esperar para compartilhar mais essa parte da minha jornada com vocês. Obrigada por todo o apoio e carinho. Vamos continuar *sonhando juntos!*
**#MeusSingles #MúsicaÉVida**

Vocês já sabem que sou apaixonada por cantar, então, já adianto que ser cantora é um dos meus grandes sonhos para o futuro. E hoje, vou contar um pouquinho sobre como tudo isso começou, e o que penso para o meu caminho musical.

Já fiz aulas de canto, bateria, ukulele e teclado. Quanta coisa, né? Foi uma experiência e tanto! Mas isso faz tanto tempo que eu acho que não lembro mais como tocar nada disso (KKKKKK), mas a vontade de retomar os estudos é grande. Além disso, tenho uma paixão especial pela guitarra, um instrumento que **adooooro**. Quem sabe um dia eu não começo a me aventurar nesse universo também?

**QUEM AÍ SABE OS ACORDES? EU JÁ ESQUECI!**

Hoje em dia, mesmo tendo parado com as aulas, continuo cantando por conta própria. A música é algo que está sempre presente na minha vida. Em 2023 eu até fui no show de um dos meus artistas preferidos! O The Weeknd.

E adivinhem? Tenho planos de explorar diferentes estilos **musicais** no futuro. No momento, o pop é o meu queridinho, mas quero experimentar outros para descobrir em qual meu coração se encaixa melhor.

E aí, quem sabe, teremos uma *Luluca* cantora, não é mesmo? Sei que o caminho é longo, mas estou superempolgada para percorrê-lo com vocês ao meu lado. Mal posso esperar para compartilhar mais dessa jornada musical com os meus pandinhas queridos! #SonhandoAlto #MúsicaÉVida

# CAPÍTULO 9

## Sonhos para o futuro

Ah, meus pandinhas, agora é hora de falar sobre algo muito importante: "Sonhos para o futuro!".

Sempre compartilho com vocês que é muito importante ter não só um, mas **váááários** sonhos. Sabem por quê? Porque a vida é cheia de surpresas, e nem sempre o caminho que a gente imaginou é o que dá certo. Alguns sonhos podem parecer impossíveis, outros, que achamos que seriam fáceis, podem não se concretizar. E tá tudo bem! Faz parte da vida.

Ter vários sonhos é como ter um mapa cheio de destinos possíveis (bem legal, né?). Se um deles não se realiza, ainda temos muuuitos outros para explorar e conquistar. E, gente, ficar sentado esperando os sonhos caírem do céu não adianta, né? A gente tem que ser o personagem principal das nossas vidas e correr atrás dos nossos sonhos com determinação e amor!

E vocês, pandinhas, quero saber: quais sonhos vocês têm? Vamos compartilhar, porque juntos somos mais fortes e inspiradores! #VamosJuntos #ConquisteSeusSonhos

SEM BAD VIBES! SÓ ALEGRIAS E SORRISOS! 😄

## Vibrando energias positivas

Às vezes, a **vida** coloca a gente diante de situações complicadas, momentos que são desafiadores e podem até nos deixar desanimados. Mas vou contar o que faço quando isso acontece: foco nos sonhos e nas coisas boas!

Quando a gente foca a nossa energia em nossos *sonhos*, deixamos os problemas um pouco de lado, criamos um espaço para a esperança e descobrimos motivos para sorrir. É como se, ao invés de perder tempo se preocupando com o que não está bem, a gente decidisse investir nossos pensamentos e esforços em construir um **futuro incrível!**

Tenho cer-te-za de que sonhar é um dos ingredientes mais importantes para a nossa vida, KKKK. Sonhar inspira a gente a ser ainda melhor, a buscar a felicidade, a não desistir diante dos desafios. E eu, como vocês já sabem, sou uma eterna sonhadora!

Então, meninos e meninas, que tal compartilhar comigo e com toda a família de pandinhas:

Quais são os motivos que vocês têm para serem gratos no dia de hoje? Vamos espalhar essa energia positiva e inspiradora!

#SonharSempre
#EnergiaPositiva
#JuntosPelosSonhos

5

6

7

8

9

10

# Meu mundo ideal

Ah, **pandinhas**, vocês já conhecem o meu grande sonho para o futuro, não é mesmo? Ser atriz em Hollywood é algo que carrego no coração há muito tempo, e sei que, mesmo sendo um caminho desafiador, vou persistir com toda a minha energia positiva para que isso aconteça! Ser atriz, por si só, já seria um sonho realizado, mas imagina só se esse sonho se concretizasse em Hollywood? Aí, sim, seria um sonho completo!

E não para por aí! Outro sonho que tenho é o de ser cantora. E a ideia é não apenas cantar, mas também combinar essa atividade com o meu **amor** pela atuação em cinema, seguindo os passos de algumas artistas que admiro e que me servem de inspiração. Imaginem que incrível produzir um filme meu, onde eu possa dar vida a personagens emocionantes e, claro, soltar a minha voz em trilhas sonoras incríveis?

E como sonhar é o primeiro passo para conquistar, também tenho o desejo de morar nos Estados Unidos. Esse sonho agora ganha uma forma maior, com a ideia de estudar por lá, especialmente em cursos de cinema que são reconhecidos mundialmente. Estou estudando bastante o inglês para que, quando esse sonho se tornar realidade, eu esteja preparada para viver essa

**experiência** incrível. Aqui no Brasil, já comecei a entrar no mundo do teatro, participando de um curso, e posso dizer que foi superlegal!

**LULUCA EM DEZ ANOS... BRINCADEIRA! KKKKK** 🤣

Ah, agora vamos falar sobre o futuro do meu canal no YouTube! Não posso prever se daqui a 10 anos o YouTube ainda será a plataforma queridinha de todos, mas, caso ela esteja firme e forte, podem ter certeza de que estarei por aqui, gravando vídeos com todo o carinho para vocês!

A ideia é equilibrar a minha rotina de youtuber com a de artista, porque acredito que essas duas partes da minha vida se complementam de maneira muito legal, vocês não acham? Quero seguir produzindo conteúdos que sejam para todas as idades, afinal, tenho pandinhas de todas as idades acompanhando as minhas aventuras!

Os tipos de vídeos? Ah, aqueles que vocês já conhecem e **amam!** Vou continuar compartilhando um pouquinho do meu dia a dia, histórias da escola, receitinhas deliciosas, passeios superdivertidos, e, claaaaro, os desafios que todo mundo adora participar! Afinal, desafios são sempre uma maneira animada de se divertir, não é mesmo?

E para a *Luluca* do futuro, aqui vai um recadinho: "Nunca desista dos seus sonhos! Tenho certeza de que, lá na frente, você estará realizando todos os sonhos que estamos construindo hoje".

Um dia a foto vai ser atuando em algum filme por lá, hein?

# Sonhar e... realizar!

Ah, **pandinhas**, vamos falar sobre realizar os nossos sonhos? Sonhar é só o primeiro passo, e para conquistar as nossas metas, precisamos de muita força de vontade e organização, *hein?* Aqui vão algumas dicas que podem ajudar nesse caminho:

## 1. Seja Específico:

Em vez de pensar em algo como "ser famoso", que tal definir o que você quer fazer pra ser famoso? Escreva esses sonhos em um caderno, mural ou lousinha no seu quarto, para reforçar o compromisso sempre que olhar para eles!

## 2. Defina Pequenas Metas:

Divida o seu sonho em objetivos menores e mais fáceis de realizar, igual as missões de um jogo, sabe? KKKK. Coloque tudo no papel, veja os prazos e, a cada conquista, dê um check (✓) para comemorar! Por exemplo, se o sonho é ser um ator de cinema famoso, metas menores poderiam ser ingressar em um curso de teatro ou cinema, começar a ler livros sobre o assunto, entre outras.

### 3. Sem Desculpas, hein?

Chega de inventar desculpas para adiar o início das etapas rumo ao seu sonho. Com o plano em mãos, comece a colocar cada processo em ação. Não deixe que falta de tempo, dinheiro, timidez ou coragem se tornem obstáculos que te façam parar ou desistir.

### 4. Celebre Cada Pequena Conquista:

Cada etapa vencida, por menor que seja, é um passo rumo ao seu sonho! Valorize as pequenas vitórias! Avalie também se há etapas que precisam de ajustes e faça as modificações necessárias para continuar seguindo em frente.

### 5. Acredite em Si Mesmo:

Não se deixe abalar por comentários negativos. Acredite em você mesmo e na sua capacidade de superar desafios. Inspire-se em histórias de sucesso, pessoas que enfrentaram obstáculos e, com esforço, fé e dedicação, conquistaram seus sonhos.

# Então, pandinhas, bora lá sonhar e realizar?

**1º Sonho**

O que posso fazer para alcançá-lo:

**2º Sonho**

O que posso fazer para alcançá-lo:

### 3º Sonho

O que posso fazer para alcançá-lo:

### 4º Sonho

O que posso fazer para alcançá-lo:

## 5° Sonho

O que posso fazer para alcançá-lo:

## 6° Sonho

O que posso fazer para alcançá-lo:

## 7° Sonho

O que posso fazer para alcançá-lo:

## 8° Sonho

O que posso fazer para alcançá-lo:

## 9° Sonho

O que posso fazer para alcançá-lo:

## 10° Sonho

O que posso fazer para alcançá-lo:

# CAPÍTULO 10

## Os quinze anos!

Genteee, eu estou MUUUITO animada para compartilhar com vocês algo bem legal que está chegando super-rápido na minha vida: os meus 15 anos! Sim, daqui a pouquinho estou completando essa idade que marca uma nova etapa, cheia de expectativas e **sonhos.**

Estou contando os dias para esse momento tão especial. Não sei bem o que esperar, acredito que o importante é viver o agora, sabem? Mas preciso dizer: eu estou MUITO ansiosa para a minha festa de aniversário! Como falei lá no segundo capítulo, todo ano eu gosto de celebrar bastante esse dia **especial**, mas a festa de 15 anos é um pouquinho diferente, então é um evento mais especial, né galera? KKKKK.

Já estou imaginando como será esse momento... Com certeza vai ser uma festa cheia de alegria, música, comidinhas (hummm!) e, é claro, cheia de pessoas que amo. Mal posso esperar para viver esse momento e compartilhar cada detalhe com vocês!

Está sendo uma aventura planejar a minha festa, sério gente! Escolher vestidos, a lista de convidados e de músicas, decoração, cardápio... Nossa! É muita coisa. Mas vai ficar **incrível!** Então, fiquem ligadinhos no "Crescendo com Luluca" pra não perderem nada, viu?

Desde pequena eu AMO planejar esses eventos tipo aniversários, festas de final de ano e páscoa... E nem precisa ser o meu aniversário, tá? Adoro planejar uma festinha para os meus amigos e a minha família! KKKKK. Eu me divirto tanto que nem consigo escolher qual aniversário foi mais legal, porque todos foram incríveis de jeitos bem diferentes, sabem? Eu até fiz um vídeo de TODAS as minhas festas de aniversário, até a de 90 anos KKKK. Que tal dar uma olhadinha?

https://www.youtube.com/watch?v=7Fz_6DAP_aU

Confira usando o QR code

Vocês têm um **aniversário** que foi o mais legal de **tooooodos** os outros? Contem aqui pra mim!

**Meu aniversário preferido foi o de** [＿＿＿＿] **ano (s)**

**Eu comemorei em/na:** [＿＿＿＿＿＿＿＿＿]

**O bolo foi sabor de:** [＿＿＿＿＿＿＿＿＿]

**Foi o melhor aniversário porque:**

. . . . . . . . . . . . . . . . . . . . . . . . . . . . . . . . . . . . . . .

. . . . . . . . . . . . . . . . . . . . . . . . . . . . . . . . . . . . . . .

. . . . . . . . . . . . . . . . . . . . . . . . . . . . . . . . . . . . . . .

Vocês lembram do meu **aniversário** de **14** anos? A gente alugou uma van e foi em um daqueles parques superlegais que tem cama-elástica, pula-pula e um monte de outros brinquedos pra passar o dia todo se divertindo! Foi **muuuuito** legal! E eu gravei tudinho nesse vídeo aqui. Vocês já viram?

▶ https://www.youtube.com/watch?v=uKEzdFsIVqs

Confira usando o QR code

E vocês, já passaram por essa fase ou estão se preparando para os 15 anos?

**Me contem como foi ou como estão se sentindo!**

························································

························································

························································

························································

························································

························································

························································

························································

························································

É, gente, como eu disse antes, planejar uma **festa** de 15 anos dá um pouquinho de trabalho... Então, estou aqui para dar aquela superdica da *Luluca* e ajudar vocês a planejarem uma festa inesquecível! Primeira coisa, gente, é começar a planejar com bastaaaante antecedência. Assim, dá tempo de ver tudo com calma pra sua festa sair do jeitinho que você sempre sonhou! E não esqueça: sempre pesquise bastante para ter várias referências.

Montei aqui uma listinha de coisas que vocês não podem esquecer na hora de planejar um aniversário. Vamos lá!

## Data da festa:

..........................

## Horário:

..........................

## Local:

..........................

## Cardápio:

..........................
..........................
..........................
..........................
..........................
..........................
..........................
..........................
..........................

## Estilo do convite:

Cole uma imagem ou desenhe

**Descrição:**

. . . . . . . . . . . . . . . . . . . . . . . . . . .

. . . . . . . . . . . . . . . . . . . . . . . . . . .

. . . . . . . . . . . . . . . . . . . . . . . . . . .

. . . . . . . . . . . . . . . . . . . . . . . . . . .

## Sabor do bolo:

. . . . . . . . . . . . . . . . . . . . . . . . . . . . . . . . . . . . . . . . . . . . . . . . . . . . . . . . . . . .

## Decoração do bolo:

Cole uma imagem ou desenhe

**Descrição:**

. . . . . . . . . . . . . . . . . . . . . . . . . . .

. . . . . . . . . . . . . . . . . . . . . . . . . . .

. . . . . . . . . . . . . . . . . . . . . . . . . . .

. . . . . . . . . . . . . . . . . . . . . . . . . . .

## Docinhos:

. . . . . . . . . . . . . . . . . . . . . . . . . . .     . . . . . . . . . . . . . . . . . . . . . . . . . . .

. . . . . . . . . . . . . . . . . . . . . . . . . . .     . . . . . . . . . . . . . . . . . . . . . . . . . . .

. . . . . . . . . . . . . . . . . . . . . . . . . . .     . . . . . . . . . . . . . . . . . . . . . . . . . . .

## Estilo da decoração:

Cole uma imagem ou desenhe

Descrição:
..............................................
..............................................
..............................................
..............................................

## Lembrancinha:

..............................................

## Número de convidados:

..............................................

## Roupa da festa:

Cole uma imagem ou desenhe

Descrição:
..............................................
..............................................
..............................................
..............................................

*Se você for fazer a festa de 15 anos:*

## Vestido da valsa:

Cole uma imagem ou desenhe

Descrição:
.....................................
.....................................
.....................................
.....................................

## Estilo do penteado:

Cole uma imagem ou desenhe

Descrição:
.....................................
.....................................
.....................................
.....................................

## Música da valsa:

.....................................

## Com quem dançar:

.....................................

1. .................................................
2. .................................................
3. .................................................
4. .................................................
5. .................................................
6. .................................................
7. .................................................
8. .................................................
9. .................................................
10. ................................................
11. ................................................
12. ................................................
13. ................................................
14. ................................................

# Músicas que não podem faltar na balada:

........................................................

........................................................

........................................................

........................................................

........................................................

........................................................

........................................................

........................................................

........................................................

........................................................

........................................................

........................................................

........................................................

........................................................

........................................................

........................................................

........................................................

........................................................

**Nossa!** Nem parece que já chegamos ao final do livro. Espero que vocês tenham gostado de conhecer um pouquinho mais do meu mundo, das minhas experiências e, principalmente, dos meus sonhos. Obrigada por estarem nesta aventura comigo! Quero que saibam que vocês são a razão de tudo isso. Cada comentário, cada apoio, cada palavra de carinho me dá ainda mais energia para continuar compartilhando meu dia a dia com vocês! Espero ter inspirado vocês a sonharem, acreditarem em si mesmos e seguirem em busca dos seus **sonhos**. E não se esqueçam: cada um de vocês tem uma história única e maravilhosa para viver! Sigam seus corações, enfrentem desafios com coragem e espalhem amor por onde forem. Nos encontramos na próxima **aventura!**

Com amor e gratidão,

ENCONTRE MAIS
LIVROS COMO ESTE

Camelot
EDITORA

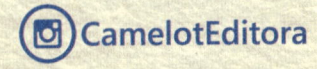